LINA BOFF

CLARA TEMPORELLI

MARIA, A EUCARISTIA E O MAGNIFICAT

COLEÇÃO ESCOLA DE MARIA

13

EDITORA

SANTUÁRIO

Coordenação editorial e Revisão: Ana Lúcia de Castro Leite
Diagramação: Mauricio Pereira
Capa: Núcleo de Criação do Santuário Nacional

Dados Internacionais de Catalogação na Publicação (CIP) de acordo com ISBD

B673m Boff, Lina

Maria, a Eucaristia e o Magnificat / Lina Boff, Clara Temporelli.
- Aparecida : Editora Santuário, 2022.
48 p. ; 14cm x 21cm. – (Coleção Escola de Maria 13)

ISBN: 978-65-5527-191-1

1. Religião. 2. Cristianismo. 3. Eucaristia. I. Temporelli, Clara. II. Título. III. Série.

CDD 240
2022-689 CDU 24

Elaborado por Odilio Hilario Moreira Junior - CRB-8/9949

Índice para catálogo sistemático:
1. Religião : Cristianismo 240
2. Religião : Cristianismo 24

1ª impressão

Rua Pe. Claro Monteiro, 342 – 12570-000 – Aparecida-SP
Tel.: 12 3104-2000 – Televendas: 0800 - 0 16 00 04
www.editorasantuario.com.br
vendas@editorasantuario.com.br

APRESENTAÇÃO

Neste número queremos oferecer ao leitor as reflexões de duas grandes teólogas, Lina Boff e Clara María Temporelli. São duas mulheres consagradas, cujas palestras foram apresentadas no XIV Congresso Mariológico, a saber: "A Eucaristia e o Magnificat" e "Na Escola de Maria, mulher eucarística".

Lina Boff aproxima a Eucaristia ao Magnificat, lembrando que a palavra *Eucaristia* significa um ato de Ação de graças, e o Magnificat também é um render graças ao Senhor, proclamado por Maria. Ambos nos recordam que para servir é preciso doar-se. Na Eucaristia, Jesus se doou no corpo e sangue, e Maria, como serva preferida do Senhor, doou sua vida. De forma profética e salvífica, o Magnificat proclama o saciar de bens os famintos, que Jesus nos garantiu com a Eucaristia.

Baseado na *Ecclesia de Eucaristia,* de São João Paulo II, Clara María Temporelli nos faz mergulhar também nessa doação de si, da qual Maria é o modelo e a Eucaristia é o cume. Com seu *Fiat, Maria,* Mãe da Igreja, deu-lhe a carne que Cristo nos oferece na Eucaristia.

Uma boa leitura!

I

A EUCARISTIA E O MAGNIFICAT

Lina Boff

Desafios de entrada

Constata-se, em primeiro lugar, que discorrer sobre a Eucaristia, de forma teológica na perspectiva da Mariologia e a partir da temática proposta, não é uma tarefa fácil para tão pouco tempo de pesquisa e reflexão, no leque epistemológico que a Mariologia exige na atualidade.

Em segundo lugar, o modo adequado que encontramos para elaborar o presente texto, diante do desafio proposto, foi o de partir das narrativas de instituição da Eucaristia do Novo Testamento, que são o testamento de comunhão deixado por Jesus para a humanidade: o de Paulo, em 1Cor 11, considerado mais antigo, o do evangelista Lucas e o texto de João, que acresce à sua narrativa, o ato significativo do serviço.

Finalmente, a pesquisa e a leitura atenta dos verbetes, recorrentes do título, foram realizadas nos autores e autoras conhecidos de hoje. Essa parte foi encontrada, de forma indireta, mas inspiradora, nos últimos dicionários publicados sobre Mariologia, buscando maior aprofundamento e interpretação nos vários artigos de autores clássicos e contemporâneos. Desse modo, pudemos apresentar uma palavra fundamentada nas Sagradas Escrituras, com breves acenos de textos extrabíblicos. Esse esforço aponta, e até mesmo exige, ulteriores pesquisas e interpretações do que falar aqui, de uma conclusão do estudo refletido, rezado e elaborado e pronto para ser apresentado.

1. A Eucaristia universaliza a fé do Magnificat

Em que sentido? A palavra Eucaristia significa um ato de Ação de graças, palavra encontrada, em grande parte dos dicionários e conhecida também como Ceia do Senhor, Memorial, Banquete, Comunhão e outras. Recorrendo a alguns textos extrabíblicos, encontramos, por exemplo, que o ato de dar graças, de estar participando de uma ceia, em que todos os convivas se encontram, esse ato tem uma carga de sagrado muito grande para as religiões antigas e que merece ser interpretada e aplicada à vida cotidiana tecida de relações humanas.

Nesse contexto de comunhão, pode-se fazer aproximações ou evocações da Eucaristia com o Magnificat, não mais do que isso. O Cântico do Magnificat reconhece sua pequenez, sua humilhação sim, mas ao mesmo tempo sente-se engrandecido por haver superado as provações em sua caminhada em direção à Promessa feita a Abraão, com a bênção de Javé sobre toda a sua descendência (cf. Gn 12,3 + Lc 1,54.55).

Encontramos acenos que apontam para a universalidade da fé abraâmica no Magnificat, quando a Eucaristia universaliza, como Memorial, a experiência do povo escolhido por Javé, desde a escravidão até sua entrada na Terra da Promessa. Esse percurso lhe custou ao povo de Israel viver a itinerância que o levou à infidelidade ao Deus Único mais vezes, e lhe custou muito mais vezes, tendo que retornar a Javé para renovar a Aliança rompida. Ao proclamar o retorno ao Deus da experiência do deserto, o povo de Israel exulta de júbilo por esses fatos e refresca sua memória pelos feitos de Javé.

A Eucaristia une e reúne as pessoas dispersas num ato de Ação de graças e o Cântico do Magnificat rende graças pelas maravilhas que o Senhor faz em favor de seu povo, como prelúdio da Eucaristia. O Magnificat todo, como Cântico, está imbuído desse espírito. Por isso, a Eucaristia, como ação de graças, não só aproxima e evoca as pessoas dispersas numa só comunhão, mas universaliza também o ato de atualizar a experiência de seu povo no Novo povo de Israel que somos todos nós. O Testamento da Nova Aliança, selado na Última Ceia, veio para toda a humanidade.

Entram, porém, para as Bodas do Cordeiro, as pessoas abertas à universalidade da fé trazida pela ressurreição, antecipada no Cântico do Magnificat.

Finalmente, o Magnificat nos apresenta a mulher, Maria de Nazaré, que com sua ação de palavra e de testemunho, favoreceu a fé e a comunhão da comunidade apostólica, em Cristo (cf. Jo 2,1-12), e cuja função materna se dilatou, vindo a assumir, no Calvário, dimensões universais" (MC 37).

2. A Eucaristia como serviço

Na originalidade do relato joanino da Eucaristia como ceia pascal, encontramos Jesus, que toma a atitude de servo, quando se abaixa e lava os pés dos Doze que viveram por cerca de três anos com Ele (Jo 13,1-20). A exegese contemporânea interpreta esta cena, supondo a narrativa das palavras de instituição nos sinóticos. Mas acrescenta a este ato o significado do serviço como ato simbólico, que não termina nem se fecha no "Ide em paz e que o Senhor vos acompanhe".

O alcance teológico e significativo para a vida da humanidade desse ato nem sempre vem conectado com o serviço ao outro. A cena é tomada pelo sentido que João dá ao serviço do Mestre, que se abaixa diante de cada um e lava os pés. O serviço de dar a vida é a lição mais evidente de Jesus nesta cena descrita por

João. Não basta repartir o pão e o vinho transformados no corpo e no sangue vivos de Jesus. É preciso doar-se servindo. É o serviço de dar a vida que transforma o mundo, a sociedade, as pessoas e cada um de nós, sobretudo, em nossas relações de filhos e filhas do mesmo Pai.

Ao dar esse sentido profundo do serviço, que João nos apresenta na Última Ceia, o Magnificat é chamado em causa para proclamar, pelos lábios de Maria, o serviço a seu povo com estas palavras: "Meu espírito exulta em meu Salvador, porque olhou para a humilhação de sua serva". Esse dístico assume a humilhação do povo ao longo de sua trajetória, feita de pecado e graça. Faz a releitura do passado de Israel, no horizonte da antecipação dos novos tempos, e se apresenta como o Cântico de Sião, da Cidade Santa, que une os povos dispersos em busca da Terra Prometida.

Pode-se falar aqui de uma analogia sugerida pela fé que destaca o testemunho vivo de Jesus: Ele se abaixa diante de cada um dos apóstolos e hoje, no pão eucarístico, se abaixa diante da humanidade que o acolhe e vem a nós, sob as espécies do pão e do vinho. Esta vinda rompe toda espécie de fronteiras, para estender os benefícios da comunhão de toda a humanidade. O Magnificat, com suas palavras que trazem o selo da antecipação do Reino, proclama essa realidade, profetizando a Nova Aliança.

O subtítulo evoca a Mulher do Magnificat que proclama: "O Senhor, olhou para a humildade de sua serva", e ela o faz em nome de seu povo, porque ser a serva do Senhor é estar a serviço de seu povo e este a serviço de Javé.

3. Eucaristia e o profetismo da Nova Aliança

Retomando o evangelista Lucas, encontramos lá que Jesus comia com os pecadores, as mulheres e os publicanos. As refeições de Jesus com estas pessoas e com as demais categorias sociais de seu tempo, que viviam à margem da sociedade, essas refeições tinham um significado de salvação que libertava, uma força soteriológica, elemento fundamental, que indicava a ação salvífica do Pai mediante a obra do Filho, que atua pelo Espírito Santo.

Com isso Jesus quer afirmar o triunfo final de todos os gestos humanos da nova criação que está chegando aos sinais do Reino de Deus sobre os gestos da destruição e da morte. Pois a reconciliação salvadora de Deus não descansa no mistério, mas naquilo que se experimenta no dia a dia de nossa vida. É esta estrutura veterotestamentária que, mais tarde, remete à Eucaristia como Memorial, como Ceia, e plasma uma linguagem própria de glória, louvor, súplica e de total doação da própria vida.

As refeições de Jesus, portanto, constituem um sinal dessa reconciliação e de comunhão, um sinal da vinda do reino de Deus, porque sua finalidade intrínseca aponta para além da simples refeição humana como encontro, como comensalidade e aproximação com as pessoas. A refeição de Jesus integra todas as gerações na misericordiosa ação de Deus para com sua criatura e que é proclamada no Magnificat. Deste modo, das muitas refeições com todas as categorias de pessoas de seu tempo à última ceia que Jesus fez, deixa seu testamento de estar conosco até o fim de nossa peregrinação terrena, para entrarmos na ceia em que Ele mesmo nos servirá os manjares de glória no Mistério do Deus da Vida plena.

A intenção de Jesus ao fazer a Última Ceia, portanto, era dar-se a si mesmo de forma real e viva a cada um de nós. Não só, mas também doar-se por todos aqueles que haveriam de crer nele (Jo 17,20), por meio do anúncio do mistério da verdade salvífica do Pai, plenificada nessa doação total de Jesus. A intenção dele era deixar um sinal que ultrapassasse a própria realidade deste mundo que nos cerca, para que essa realidade se transformasse nele mesmo, o Jesus vivo e real, com seu corpo e com seu sangue, ressuscitado, transformado em corpo glorioso e dado como alimento de vida eterna para todos os que o aceitam.

As refeições de Jesus com os publicanos e os desprezados, como no caso das parábolas da misericórdia em (Lc 15,1s)[1], a da ovelha perdida, a da moeda encontrada e a parábola do filho pródigo. No episódio de Zaqueu (Lc 19,5s), são ações de valor querigmático[2], uma verificação da palavra de comunhão e de perdão de Jesus. Considerado esse contexto e esses sinais feitos por Jesus em sua vida terrena, evoca o Magnificat em seu anúncio da Nova Criação que estava chegando, para as pessoas humildes, porque são exaltadas; para as pessoas famintas, porque cobertas de bens; para as pessoas desamparadas, porque são incluídas e os deserdados da história contam com descendência.

Essas pessoas tomam consciência de que o segredo da verdadeira vida não está em mãos humanas. Por terem consciência disso, nasce nelas a profunda e jovial esperança das massas excluídas, que colocam esse princípio vital fora do alcance humano: o poder sobre a vida pertence a Deus, o Senhor e fonte da Vida. Para elas, religião não é problema, mas solução, pois, encontram nela a melhor solução; Deus não é mistério, é evidência, não é enigma, mas é luz.

Alimentam a confiança na justiça imanente da vida, sonham com a chegada do dia em que lavarão a alma de todas as tribulações e aguardam a manifestação plena da vida. Por isso, não ousam, diante dos desafios, nem arriscam diante do perigo de expor a própria vida: no enfrentamento de forças perdem e saem apanhando como sempre. O que procuram fazer é economizar o sopro da vida para se manterem de pé, com dignidade e soberania.

Concluindo esse parágrafo, pode-se dizer que o Magnificat é o prelúdio de uma experiência mística que vem do Mistério Pascal de Cristo, que inclui toda a sua "gesta" na pregação do Reino. Esse Cântico abre o Novo Testamento para o povo de Israel e todos nós, penetra neste mundo anunciando a chegada do filho de Maria, que é o Santo, o Filho do Altíssimo, do Deus Libertador. A mulher profética, que proclama o Magnificat, deixa-se absorver pelo mistério de um Deus que cobre de bens os pobres, socorre seu povo e presenteia toda a sua esterilidade com abundante descendência.

Esse profetismo é proclamado pelo Magnificat, que, segundo alguns teólogos, fazem uma interpretação do Cântico, tomando as expressões mais fortes e as mais ternas, todas referentes à opressão em que o povo hebreu vivia, seja no Egito como na Babilônia. Essas expressões têm como recompensa o olhar benigno, materno e paternal de Javé para com seu povo. Tal afirmação evoca o Documento de Puebla, quando este dedica a Maria do Magnificat um breve tratado.

Podemos tomar desse Documento da Terceira Conferência Episcopal da América Latina e Caribe, os números que, diretamente, se dirigem ao Cântico do Magnificat. O número 297, por exemplo, afirma que o Cântico do Magnificat anuncia o novo Evangelho.

"O Magnificat é espelho da alma de Maria. Neste poema conquista seu cume a espiritualidade dos pobres de Javé e o profetismo da Antiga Aliança. É o cântico que anuncia o novo Evangelho de Cristo. É o prelúdio do Sermão da Montanha" (Lc 6,20-26).

Quando João Paulo II fez sua célebre homilia em Zapopán, México, afirmou a denúncia pública que o Magnificat faz em favor das pessoas oprimidas:

"O Magnificat manifesta-se como modelo para os que não aceitam, passivamente, as circunstâncias adversas da vida pessoal e social, nem são vítimas da alienação, mas que proclamam o Deus que 'exalta os humildes' e, se for o caso, 'derruba os poderosos de seus tronos'..." (João Paulo II, Homilia Zapopán, 4 - AAS LXXI p. 230).

No parágrafo 300 do mesmo documento, o Magnificat nos apresenta como é importante o serviço feminino feito no silêncio. "A Virgem Maria se fez a serva do Senhor. A Escritura apresenta-a como alguém que indo visitar Isabel por ocasião do parto, presta-lhe o serviço muito maior de anunciar-lhe o Evangelho com as palavras do Magnificat. Em Caná está atenta às necessidades da festa e sua intercessão provoca a fé dos discípulos que "acreditam nele" (Jo 2,11).

Ousamos parodiar o número 301 que apresenta Maria como a protagonista, mas que assim é interpretada porque proclama uma evangelização encarnada, que seja ponto de união entre o céu e a terra, caso contrário seria uma evangelização desfigurada diante do Evangelho, transformada numa ideologia e num racionalismo espiritualista.

Finalmente, o documento de Puebla retoma da *Marialis Cultus,* de Paulo VI, o número 302, dando uma visão de amplos horizontes do Cântico do Magnificat, quando afirma: Paulo VI assinala a amplidão do Cântico do Magnificat para nosso Continente, porque tem palavras, com um eco muito atual. Fala de situações que não podem escapar à atenção de quem quiser dar apoio, com espírito evangélico, às energias libertadoras de nossos povos.

Pode-se concluir, afirmando que precisa evangelizar de forma que o Evangelho se torne mais carne, mais coração em nossa realidade, para gerar a cultura da vida e da paz, no sentido que fala a *Populorum Progressio,* de Paulo VI.

4. O ardente desejo de Jesus pela vinda do Reino

Partindo da Eucaristia narrada por Lucas, ele afirma que o tempo da realização da salvação se atua em dois tempos, estreitamente, conexos: o tempo de Jesus e o tempo da comunidade. A comunidade lucana parece ter superado o choque com o judaísmo e o impacto com o mundo não cristão. Mostra ter consciência de que os pobres são os preferidos de Deus e de seu Filho Jesus.

Estes acolheram o anúncio da Boa Notícia e saíram do estado de marginalização em que viviam. A comunidade lucana se preocupa em ser sinal de fé no mundo até os confins da terra (cf. At 1,8), por isso, expressa o desejo de Jesus ao aproximar-se do momento de sua entrega total ao Pai.

> Quando chegou a hora, ele se pôs à mesa com seus apóstolos e disse-lhes: "Desejei, ardentemente, comer esta páscoa convosco antes de sofrer; pois, eu vos digo que não a comerei até que ela se cumpra no Reino de Deus". Então, tomando um cálice, deu graças e disse: "Tomai isto e reparti entre vós; pois, eu vos digo que doravante não beberei do fruto da videira, até que venha o Reino de Deus". E tomou um pão, deu graças, partiu e distribui-o a eles, dizendo: "Isto é o meu corpo que é dado por vós. Fazei isto em minha memória". E, depois de comer, fez o mesmo com o cálice, dizendo: "Este cálice é a Nova Aliança em meu sangue, que é derramado em favor de vós" (Lc 22,14-20).

Salta aos olhos o grande desejo de vida plena que Jesus tem em vista da realização do Projeto salvífico do Pai confiado a Ele. O desejo de Jesus, para que a vida do Reino chegue quanto antes, parece estar colocando uma delimitação do tempo presente para que este se abra para a eternidade. Daí as expressões do evangelista:

> Desejei ardentemente, comer esta páscoa convosco antes de sofrer; pois eu vos digo que já não a comerei até que ela se cumpra no Reino de Deus (Lc 22,15-16).[3]

Para que isso se realize, infere-se o ardente desejo do povo de Israel para que se realizem as coisas da Promessa, tão desejadas por ele. O Magnificat vive essa realização trazendo-a para o tempo presente de todos. Daí a força da evocação que nos dá o Magnificat, que coloca em evidência os dísticos tão fortes. "Agiu com a força de seu braço, dispersou as pessoas de coração orgulhoso. Depôs poderosos de seus tronos, e despediu ricos de mãos vazias."

O Magnificat aqui interpõe sua autoridade como serviço entre o Senhor Javé e as pessoas de todas as categorias. A proclamação profética do Magnificat toma parte na causa dessas pessoas, dispersando, desarticulando as forças contrárias das pessoas de coração orgulhoso, despedindo-as de mãos vazias.

O desejo ardente de Jesus de se doar ao Pai, para que a vida trazida por Ele superasse o mal, onde a morte estava se impondo com a violência do braço humano, onde a prepotência de corações duros avança, onde os poderosos donos de seus tronos caem e onde os ricos despojam as pessoas mais fracas, colocando-as todas à deriva, o Magnificat enfatiza a força das palavras pronunciadas por Jesus na Última ceia, em que se entrega para que o Reino irrompa com a ressurreição:

> "Desejei ardentemente, comer esta páscoa convosco antes de sofrer; pois eu vos digo que já não a comerei até que ela se cumpra no Reino de Deus" (Lc 22,15-16). "Jesus demonstra consciência de que, com sua morte, irromperá o Reino o qual abre as portas da vida plena para todos aqueles que acreditam nesse anúncio e na pessoa de Jesus, que o desejam, ardentemente. Parece apressar a hora de Deus que vem através do Reino o qual passa por sua morte.[4]

Para entender melhor a teologia do Magnificat, precisamos sempre situá-lo em seu transfundo pascal[5]. A potência que Deus Pai quer abater, enviando seu Filho em nossa condição humana, é o pecado do orgulho que se instala no coração humano e faz estragos em todas as dimensões da vida. É a ganância do ter, quando se precisa de tão pouco para viver, dignamente. São as leis que encastram a verdade humana e prendem o Espírito que dinamiza a vida.

Finalmente, o Deus que se imola por nós foi preanunciado pelo Cântico da mulher que o trouxe em seu seio. Coloca em destaque o mérito das pessoas que foram saciadas da fome humana e da fome de Deus, de serem acolhidas em sua humilhação, para serem exaltadas pelo Senhor da vida.

A famosa frase de Nikolai Berdiaev, filósofo político, russo, defensor do Cristianismo universalista, escreve: "Se eu tenho fome, é uma questão econômica, mas se meu irmão tem fome, é uma questão religiosa". Significa dizer: a fome do pobre é um problema mais que, simplesmente, material ou social; é um problema espiritual, moral e até mesmo teológico, porque Jesus disse isso nas bem-aventuranças do sermão na montanha.

5. Deu de sua carne e de seu sangue

O breve título desse parágrafo evoca a misericórdia de Javé que se estende de geração em geração e mostra a seu povo que essa misericórdia supera a justiça humana.

Quando João fala do discurso de Jesus sobre a multiplicação dos pães (Jo 6,51-58) e coloca nos lábios de Jesus a frase: "... se não comerdes a carne do Filho do Homem e não beberdes o seu sangue, não tereis a vida em vós".

É o único evangelista a usar as expressões: "comer a carne", "beber o sangue", expressões repudiadas pelos judeus. Com isso, João coloca o prego no lugar mais sensível da tradição judaica. O pão autêntico é Jesus mesmo, é sua carne; e o sangue é sua vida para a vida eterna. Quem não tiver fé não vai aceitar esta linguagem.

Nesse sentido, a Eucaristia evoca o Magnificat quando proclama que acolhe Israel seu servo com entranhas de misericórdia. Cumpre o que prometeu a Abraão e sua descendência. Sim, na compreensão do povo, a descendência prolonga a bênção de Javé por toda a Casa de

Israel, que celebra tudo isso em seus momentos de oração a Javé, refrescando sua memória na esperança do cumprimento das promessas feitas de dar-lhes liberdade, terra e descendência.

Em tal contexto e também em nosso contexto de hoje, o Magnificat passa a ser de um Cântico de angústias e tribulações para um Cântico do Novo Israel, da Nova Aliança e da Nova Vida, que nasce com a chegada do Messias tão esperado. Aqui, o Magnificat eleva a humanidade ao seu lugar mais alto da criação, trazida pela plenitude do Reino, que se dá na ressurreição de Jesus e que se renova todos os dias sobre os nossos altares como a Nova Criação, o Grande Sinal da Eucaristia.

6. Fazei-o em memória de mim

Estamos diante do Memorial do Senhor na Última Ceia, que está sendo proclamado pelo Magnificat com as palavras: "O amor de Javé se estende para sempre sobre todos os que o temem". Jesus, como Filho de Deus, imola-se na Eucaristia para reconciliar a humanidade com o Pai. Mas depende de cada um a aceitação da vida sacrificial que o Filho de Deus faz nesse Memorial. A interpretação que a teologia tenta dar à expressão "sobre todos os que o temem" busca fundamento na abertura de cada um em aceitar essa dimensão eucarística da vida temporal.[5]

As palavras do Magnificat transmitem, com grande vigor e linguagem marcial, a intervenção de Deus em defesa dos pobres, oprimidos pelos poderosos, concretamente, porque esses aceitam aquele que os protege. E dá a vida por eles. Ainda que o Cântico se expresse numa linguagem que oscila entre o individual e o coletivo, fala sempre das condições históricas concretas de um povo que o aceita.

Importa colocar em evidência a força da proclamação de todo o Cântico do Magnificat, que faz memória de um passado guardado na esperança do povo: a de conquistar a terra prometida e a descendência abraâmica, agora manifestada nas palavras de uma mulher do povo vinda de uma aldeia desconhecida e de pouca fama. Todo ele transmite, com palavras cheias de júbilo e esperança, aquilo que Israel queria ouvir e aguardava há tanto tempo.

7. A modo de conclusão

Falar da Eucaristia, como a concebemos, hoje, conectada com o Magnificat, como está sendo interpretado pela exegese contemporânea, requer invocar a ação do Espírito na celebração eucarística e levar em consideração que esse mesmo Espírito, invocado sobre as oferendas, venha iluminar a reflexão proposta para consagrá-la num universo que nos mostre a ação do Espírito no mistério da encarnação, com o conhecimento e a razão da fé.

Diante dessa reflexão, pode-se fazer aproximações, evocações da Eucaristia com o Magnificat, tendo em conta que, a Eucaristia é o ponto alto de toda a liturgia da Igreja como ato de adoração, louvor, comensalidade e ação de graças a Deus, enquanto o Magnificat é um Cântico de ação de graças pela vinda do Redentor, o Messias esperado há milênios pelo povo de Israel. Mais ainda, é um Cântico de ação de graças. Pode-se dizer também, sim, é um Cântico que, profeticamente, anuncia o Memorial do povo escolhido, proclamado por uma mulher, Maria de Nazaré, a mãe do Filho de Deus.

Lina Boff

Irmã Lina Boff é religiosa professora emérita da PUC-Rio e realiza projetos transdisciplinares no Centro Loyola de Fé e Cultura, pós-doutorada pela Gregoriana de Roma, pesquisadora, conferencista, publica livros e artigos dentro e fora do país. Membro da Academia *Fides et Ratio,* da Academia Marial de Aparecida, da Pontifícia Academia Mariológica Internacional de Roma, da União Internacional da Família Servitana, Colaboradora da Associação Teológica Internacional da Itália e Integra o Grupo de Trabalho do Movimento Ecumênico Internacional "Somos Um".

NOTAS

[1] Trata-se das três parábolas da misericórdia: a da ovelha perdida, a da moeda encontrada e a parábola do filho pródigo.

[2] A narrativa citada no texto apresenta Jesus como aquele que toma a iniciativa de encontrar-se e sentar-se à mesa com Zaqueu.

[3] Jesus demonstra consciência de que, com sua morte, irromperá o Reino o qual abre as portas da vida plena para todos aqueles que acreditam nesse anúncio e na pessoa de Jesus, que o desejam, ardentemente. Parece apressar a hora de Deus que vem por meio do Reino que passa por sua morte.

[4] Cf. BOFF, C. *Mariologia Social*. O significado da Virgem para a sociedade de hoje. São Paulo: Paulus, 2006.

[5] Cf. KLAPERT, B. *Cena del Signore, in Dizionario dei concetti biblici del Nuovo Testamento*. Bologna, Dehoniane, 1991, p. 221-236.

ALGUMAS REFERÊNCIAS

AA.VV. *A Eucaristia teologia e história da celebração*. S. Paulo: Paulinas, 1987.

AA.VV. *A Eucaristia na Bíblia*. S. Paulo: Paulus, 1985.

ALDAZÁBAL, J. *A Eucaristia*. Petrópolis: Vozes, 2002.

BOFF, L. *Os Sacramentos da Vida e a Vida dos Sacramentos*. Mínima Sacramentalia. Petrópolis: Vozes, 1979.

BROUARD, M. (org.). *Eucharistia. Enciclopédia da Eucaristia*. S. Paulo: Paulus, 2006, tradução de Benôni Lemos.

CNBB, Eucaristia vida que se celebra. Para viver melhor o mistério da Eucaristia na vida, S. Paulo: Paulus, 2000.

COENEN, L. – BEYREUTHER, E. – BIETENHARD, H. (orgs). *Dizionario dei concetti biblici del Nuovo Testamento*. Bologna, Dehoniane, 1991, tradução de A. Dal Bianco, B. Liverani, G. Massi.

FEINER, J., LOEHRER, M. *Mysterium Salutis*/IV/5. Eucaristia: Mistério central. Petrópolis, Vozes, 1977, tradução de Edmundo Binder.

JOÃO PAULO II. Exortação Apostólica Pós-Sinodal *Sacramentum Caritatis*. S. Paulo, Paulinas, 2007.

______. Carta Encíclica *Ecclesia de Eucharistia*. S. Paulo, Paulinas, 2003.

KOCH, G. *Lessico di Teologia Sistematica*. Brescia: Queriniana, 1990.

LAVATORI, R. *Il Signore verra nella gloria. L'escatologia allá luce del Vaticano II*. Bologna: Dehoniane, 2007.

PAOLI, A. *Prendete e mangiate*. Bagni: Meridiana, 2005.

SOUZA, pe. A. M. *O que são os Sacramentos?* S. Paulo: Paulinas, 1986.

TABORDA, F. *Sacramentos, práxis e festa*. Para uma teologia latino-americana dos sacramentos. Petrópolis: Vozes, 1998.

II

NA ESCOLA DE MARIA, MULHER EUCARÍSTICA

Clara María Temporelli

O tema que desenvolverei é baseado na Encíclica de João Paulo *II, "Ecclesia de Eucharistia"* de 17 de junho de 2003. Seu último capítulo (VI, 53-58) nos impele a refletir sobre o seguinte aspecto: *"Na Escola de Maria, mulher eucarística"*. Para isso, confrontaremos os temas desenvolvidos nesta Encíclica. Levaremos em conta a antropologia do dom de si mesmo, que emana do Mistério Eucarístico; e a Maria no processo de encarnação, como o primeiro sacrário da história, em sua canção o Magnificat, sua indicação para confiar em seu Filho, sua presença, supostamente, na Última Ceia, ao pé da Cruz e com a comunidade nascente na partilha do pão.

1. Introdução

Partimos da afirmação básica do cristianismo: Deus se encarmou neste mundo por obra do Espírito de Deus no seio da Virgem Maria (cf. Lc 1,26-38).

O Evangelho de João enche a história de "corpo-realidade" afirmando que: "O *Logos* (a Palavra) se tornou *sarx* (carne)" (Jo 1,14). Um Deus encarnado será nosso ponto de referência.

O Papa São João Paulo II, coerente com sua "espiritualidade mariana", que propôs repetidamente a toda a Igreja, no final da Encíclica *Ecclesia de Eucharistia* (17 de abril de 2003), convoca-nos *à Escola de Maria, a mulher "eucarística"* (capítulo VI *53-58*). Ele está convencido de que somente olhando para Maria e seguindo seus passos seremos capazes de celebrar e viver o mistério eucarístico, que é *"o tesouro da Igreja, o coração do mundo, a promessa do fim, ao qual todo homem, mesmo que inconscientemente, aspira" (EE 59)*

Com base nos escritos do Santo Padre podemos nos perguntar: Qual é a relação de Maria com a Santa Eucaristia? Será que a Mãe participou da Última Ceia, quando Jesus instituiu este sacramento ou, de qualquer forma, nas celebrações eucarísticas da primeira comunidade cristã? A mãe está presente em todas as cerimônias eucarísticas da Igreja? O que Maria pode nos ensinar sobre nosso amor ao Senhor Jesus no Santíssimo Sacramento?

Seguindo as reflexões de São João Paulo II, a primeira coisa que temos a dizer é que em todas as Escrituras Sagradas a relação entre Maria e a Eucaristia não é explicitamente mencionada. *"À primeira vista, o*

Evangelho não fala desse assunto. No relato da instituição, na noite da Quinta-feira Santa, Maria não é mencionada" (EE 53). No entanto, sabemos, pelos *Atos dos Apóstolos,* que Maria perseverou em oração com a primeira comunhão à espera do Espírito Santo (At 1,14). Assim a presença da Mãe *"certamente não poderia faltar nas celebrações eucarísticas dos fiéis da primeira geração cristã, assíduos 'na fração do pão'"* (EE 53).

2. Antropologia do dom de si

A encíclica *Ecclesia de Eucaristia* apresenta Maria na lógica da doação de si, da qual a Eucaristia é o cume.

Cada ser humano, criado à imagem de Deus, reflete em si mesmo a natureza de um ser relacionado com o Deus trino, de modo que "não pode encontrar-se plenamente se não for por meio de um *dom sincero de si mesmo*" (Vaticano II, GS 24). A experiência nos mostra como cada história individual é constantemente integrada às "outras histórias", até que surjam novas associações ou unidades complexas. No entanto, paradoxalmente, essas unidades são constituídas por uma atitude de acolhimento ao outro, o que leva à total *disponibilidade* e *dom de si mesmo.*

As situações humanas são mais complexas e oferecem exemplos de um dom verdadeiramente livre e sem possibilidade de retorno, como se observa em várias sociedades antigas já estudadas. Por exemplo: *Benjamina,* em hebraico significa *"a mais amada",* seu crânio foi encontrado em Atapuerca, na Sima de los Huesos em Burgos, dos primeiros primatas de mais de 500.000 anos atrás. Um crânio soldado no terceiro mês de sua gestação, no *Paleolítico Inferior:* antes da descoberta do fogo, da linguagem, das ferramentas, sem a possibilidade de se mover fala de cuidados e sentimentos. Esta garotinha provavelmente sofreu sérios problemas motores e cognitivos. Em um ambiente tão hostil quanto o *Pleistoceno Médio,* no qual a Serra de Atapuerca era povoada por leões e tigres dentes de sabre, ela tinha que ser cuidada com muito esmero para que pudesse sobreviver à primeira infância, e viveu até aos 10 anos, sendo a esperança média de vida nessa altura de cerca de 30 anos. Podemos afirmar com este exemplo e outros, como *o de Miguelón,* que é um dos crânios mais completos do mundo, no qual os cientistas podem identificar uma patologia importante que muito provavelmente o levou à morte. Miguelón recebeu um golpe na boca, quebrou um dente e pegou uma infecção na área maxilar. A infecção era tão grave que lhe deformou o rosto. Mas o mais relevante não é sua patologia. O mais importante é que seus companheiros tiveram que cuidar dele, caçar por ele, coletar por ele, e até mesmo mastigar sua comida para que ele pudesse sobreviver alguns meses. Neste local, uma das pélvis mais completas do mundo foi recuperada. Pertence a um indivíduo adulto, um velho da época. Essa pessoa estava curvada, tinha patologias sérias e precisava de uma "bengala". Considerando a mobilidade dessas sociedades nômades, o grupo tinha que necessariamente ajudá-lo nessas longas caminhadas. Chamava-se *Elvis. Esses* exemplos nos permitem falar e nos alegrar com essa característica de machos e fêmeas da época das cavernas, uma espécie que passou do canibalismo à solidariedade e à doação de si mesmo.

Milhares e milhares de anos depois, Jesus também quebra o círculo de trocas convidando seus discípulos para o *dom altruísta,* sem cálculos secretos para receber um retorno ou uma recompensa: "Mas, quando derdes um banquete, convidais os pobres, os inválidos, os mancos e os cegos. Que sorte para vós se eles não puderem retribuir!" (Lc 14,13-14). Atinge o máximo de doação em sua Paixão:

- deu a si mesmo (Gl 1,4; 1Tm 2,6),
- deu sua vida (Mc 1,45),
- deu seu corpo (Mt 26,26).

Além disso, Ele mesmo é *o dom* por excelência que nasce do amor do Pai: "Deus amou tanto o mundo que deu seu Filho Único" (Jo 3,16).

Por sua vez, Jesus *oferece* muitos presentes para homens e mulheres:

- Sua Palavra (Jo 17,7-14),
- o Pão da Vida (Jo 6,35-51),

• paz (Jo 14,27),

• sua Mãe (Jo 19,26-27).

Em particular, Ele oferece dois presentes preciosos:

• dar o Espírito sem medida (Jo 3,34)

• dar a vida eterna (Jo 10,28).

De acordo com a encíclica *Ecclesia de Eucharistia,* a Eucaristia não é "um presente entre muitos outros, embora muito valiosa, mas é o presente por excelência, uma vez que é o dom de si mesmo" (EE 11).

João Paulo II baseia-se na convicção de que:

• "não podemos esquecer Maria" porque ela tem "uma relação profunda" com o Santíssimo Sacramento (EE 53),

• o "binômio Maria e Eucaristia" é inseparável (EE 57).

O Papa segue uma via dupla: a trilha *histórica* e a trilha *litúrgica.* Na primeira, Maria destaca-se como um exemplo antropológico de fé eucarística de grande alcance; na segunda, ela se torna uma presença viva dentro da celebração litúrgica.

3. Maria, mulher eucarística durante toda a sua vida (EE 53)

Como dissemos, São João Paulo II dedica-lhe o último capítulo da encíclica, que se intitula precisamente: ***Na Escola de Maria, mulher "eucarística"*** (EE 53-58). Passamos do abstrato para o concreto, das teorias ao exemplo antropológico representado pela mulher "eucarística", tudo projetado para a "Eucaristia" em atitudes "eucarísticas".

Maria está "totalmente em relação" a Cristo e, portanto, também ao sacramento da Eucaristia. O Papa faz uma leitura numa perspectiva eucarística de toda a vida de Maria, sem ater-se à cronologia (como preferimos, reunindo o conteúdo da Encíclica nessa ordem).

4. Maria acredita no verbo "feito carne"

Na Anunciação, há "uma profunda analogia entre o *fiat* pronunciado por Maria às palavras do anjo, e o *amém* que cada fiel pronuncia quando recebe o Corpo do Senhor" (EE 55).

A Maria foi-lhe pedido para acreditar que Aquele que Ela concebia "por obra do Espírito Santo" era o "Filho de Deus" (cf. Lc 1,30-35). Dando continuidade à fé da Virgem Santa, no mistério eucarístico, nos é pedido para crer que aquele mesmo Jesus, Filho de Deus e Filho de Maria, se torna presente nos sinais do pão e do vinho com todo o seu ser humano-divino (EE 55).

5. Primeiro sacrário de Maria

Lucas quer transmitir a convicção de que Maria é a arca da Nova Aliança, o lugar incorruptível da presença do Senhor. A encíclica papal, conhecendo a diferença entre a morada pessoal e a local, lê subjetivamente os dados bíblicos como uma prolepsia ou antecipação do que irá acontecer com a Eucaristia, que será guardada nas igrejas num sacrário próprio para ser adorada pelos fiéis. Em ambos os casos, a presença de Cristo é oculta:

"Quando, na Visitação, ela carrega em seu ventre o Verbo encarnado, de certo modo, torna-se um 'sacrário' – o primeiro 'sacrário' da história – onde o Filho de Deus, ainda invisível aos olhos dos homens, se presta à adoração de Isabel, como que 'irradiando' sua luz através dos olhos e da voz de Maria" (EE 55).

6. O Magnificat, cântico eucarístico

O *Magnificat,* cantado por Maria após a revelação de sua maternidade por Isabel, repercurtiu na Igreja, que, "na Eucaristia se une plenamente a Cristo e ao seu sacrifício, fazendo seu o espírito de Maria"; ou seja, relendo o *Magnificat na perspectiva eucarística"* (EE 58). As convergências espirituais entre a celebração eucarística e o cântico de Maria são variadas:

6.1. *Louvor e ação de graças,* uma vez que em ambos os casos o Pai é louvado e agradecido *"por* Cristo, *em* Cristo e *com* Cristo", ou seja, "a verdadeira atitude eucarística" é realizada.

6.2. *Memória da Encarnação Redentora.* Em ambos os casos faz "memória das maravilhas realizadas por Deus na história da salvação": no *Magnificat* celebra-se a encarnação redentora, expressa "nas grandes coisas" feitas por Deus em Maria, enquanto na Eucaristia se atualiza o mistério pascal do Senhor.

6.3. *Tensão escatológica* em relação ao novo cosmos, antecipado na história. Maria canta *aquele "novo céu"* e aquela *"nova terra"*, cuja semente foi colocada "na *pobreza* dos *sinais* sacramentais" e na vida dos humildes que Deus vai exaltar (EE 58).

7. Confiem na palavra de meu filho

Do sinal de Caná, a encíclica recorda apenas a coincidência *do "Fazei o que Ele vos disser..." de Maria, com o "Fazei isso em memória de Mim..."* de Cristo. Segundo o qual a Mãe nos exorta a obedecer ao Filho, que por sua vez ordena que a eucaristia seja celebrada em sua memória. Ao mesmo tempo, o Papa coloca nos lábios de Maria um convite à confiança em Cristo e em sua palavra poderosa, sem nunca voltar atrás:

"Com a solicitude materna manifestada nas bodas de Caná, Maria parece nos dizer: 'Não hesiteis, confiai na palavra de meu Filho'. Aquele que foi capaz de transformar água em vinho é igualmente capaz de fazer do pão e do vinho seu Corpo e Sangue, entregando aos crentes, neste mistério, o memorial vivo de sua Páscoa e tornando-se assim "pão de vida" (EE 54).

8. Na Última Ceia

O Papa não leva em consideração a presença de Maria na Última Ceia, que não é mencionada no Evangelho, uma vez que não haveria base bíblica para afirmar essa presença. No entanto, acrescentamos, a mãe de Jesus costumava ir "todos os anos para Jerusalém para a Páscoa" (Lc 2,41), um costume que também se manteve no ano em que Cristo foi crucificado.

Maria esteve em Jerusalém na Sexta-feira *Santa* (Jo 19,25-27). Pode-se deduzir que ela também lá esteve na quinta-feira. Se ela participou da ceia com aqueles a quem Cristo *disse: "Tomai e comei"*, provavelmente ela não foi incluída entre aqueles a quem foram dirigidas as palavras da instituição: *"Fazei isto em memória de mim"*. Portanto, devemos voltar aos costumes dos israelitas no tempo de Jesus para deduzir que Maria estava possivelmente com Jesus para a Última Ceia.

O costume hebraico previa para a refeição da Páscoa, bem como para outras reuniões de festa, uma sala separada para as mulheres; no entanto, a Páscoa era celebrada por toda a família, tanto que as crianças eram questionadas sobre o rito (Ex 12,3-4.26). Além disso, parece que era tarefa da mãe da família acender as lâmpadas e assim iniciar a ceia da Páscoa.

9. Presente ao pé da cruz

O ápice da participação de Maria no mistério pascal, do qual a Eucaristia é a anamnese, é certamente a experiência deste mistério de sua parte "na primeira pessoa ao pé da Cruz" (EE 56).

A encíclica apenas lembra "o que Cristo também realizou com sua Mãe em nosso benefício", ou seja, quando "confia-lhe o discípulo amado e nele dá a cada um de nós: 'Eis o teu filho!'" (EE 57).

No memorial do Calvário, insiste o Papa, não falta a ritualização desta doação, de modo que "viver na Eucaristia o memorial da morte de Cristo também implica receber continuamente este dom. Significa levar conosco – a exemplo de São João – aquela que um dia nos foi dada como Mãe. Significa ao mesmo tempo assumir o compromisso de nos conformarmos com Cristo, entrando na escola da Mãe e aceitando sua companhia" (EE 57).

10. Assídua à fração do pão

Finalmente, a encíclica faz com que nos detenhamos com prazer em *Maria*, "no período pós-Páscoa, em sua participação na celebração eucarística, presidida pelos Apóstolos, como um 'memorial' da Paixão" (EE 56).

Com toda a certeza, Maria é presença assídua na "fração do pão" (At 2,42), uma expressão que indica a Eucaristia, que foi celebrada assiduamente pela comunidade de Jerusalém e depois também por Paulo (At 20,7.1; 27,35). Os Atos dos Apóstolos dão notícias da Mãe de Jesus: "Presente entre os Apóstolos unânimes em oração" (At 1,14), na primeira comunidade reunida após a Ascensão, à espera de Pentecostes.

Essa presença certamente não poderia faltar nas celebrações eucarísticas dos fiéis da primeira geração cristã, "assíduos à fração do pão" (Atos 2,42) (EE 53).

O Papa se identifica com a situação possivelmente vivida por Maria durante as ceias eucarísticas, imaginando "seus *sentimentos*": "Aquele corpo dado como sacrifício e presente nas espécies sacramentais era o mesmo corpo concebido em seu ventre! Receber a Eucaristia devia significar para Maria como se ela estivesse acolhendo de no em seu ventre o coração que tinha batido em uníssono com o seu e revivendo o que ela tinha experimentado pessoalmente junto da Cruz" (EE 56).

Além desses possíveis sentimentos pessoais de Maria na comunhão eucarística, um dos resumos dos Atos dos Apóstolos (2,42-47) nos oferece a atmosfera espiritual que acompanhava o rito da fração do pão.

A Mãe de Jesus, nomeada como membro da comunidade cristã pós-Pascal (At 1,14), foi uma daqueles que "todos os dias se reuniam no templo com entusiasmo, partiam o pão em suas casas e partilhavam o seu alimento com alegria (*en agalliásei*) e com grande simplicidade de coração (*kai aphelóteti*)" (Atos 2,46).

Maria participa não só da celebração doméstica da Eucaristia, mas também dos sentimentos que animam aos discípulos do Senhor: a *alegria* ou gozo que vem da fé (cf. At 8,8.39; 13,48.52; 16,34) e que ela havia experimentado e expressado no Magnificat (Lc 1,46-47); e a simplicidade do coração, que é própria dos pobres de Yahweh e da pessoa evangélica.

11. Conclusões

Como observamos no contexto eclesiológico geral da Encíclica, a relação entre Maria e a Eucaristia é articulada principalmente em torno da consideração de Maria como Mãe e modelo da Igreja: "Se queremos descobrir em toda a sua riqueza a relação íntima que une Igreja e Eucaristia, não podemos esquecer Maria, Mãe e modelo da Igreja" (EE 53).

O Espírito transforma o pão e o vinho no Corpo e Sangue de Cristo, ele o faz de forma análoga ao seu trabalho no seio da Virgem Maria e sua ação na humanidade, que se deixa conformar ao Filho: uma transformação na qual a Mãe Igreja e a Mãe Maria colaboram.

Maria é Mãe da Igreja por ser a Mãe de Cristo, porque ela lhe deu carne e sangue; aquela carne e sangue que na Cruz foram oferecidos como sacrifício e se fazem presentes na Eucaristia (EE 55). Este é o aspecto mais imediatamente perceptível dessa "relação profunda" da Mãe de Jesus com o mistério eucarístico, tradicionalmente contemplado desde os tempos antigos (cf. por exemplo, Santo Efraim, *Hino* 6:7 (Lamy 592,594); Santo Ambrósio, *Sobre os Mistérios,* IX, 53 (PL 16, 403); Santo André de Creta, *Cânone para a festa em meio a Pentecostes* (PG 97, 1425). Mas a Encíclica se detém especialmente na relação de Maria com a Eucaristia, na medida em que a Mãe do Senhor é um modelo: "A Igreja, tomando Maria como modelo, deve imitá-la também em sua relação com esse mistério santíssimo" (EE 53). Contemplar, sobretudo, sua fé e seu amor, na anunciação e na visitação a Isabel, onde Maria é verdadeiramente o sacrário vivo de Cristo (EE 55); no Calvário (EE 56-57) e, além disso, quando recebeu a Comunhão Eucarística das mãos dos Apóstolos (EE 56). Uma fé e um amor que, como no Magnificat, transborda em louvor e ação de graças (EE 58). É grande a riqueza de nuances deste chamado de Maria "Mulher Eucarística", que a teologia tem contemplado sobretudo no contexto da vida espiritual.

Podemos concluir com João Paulo II que "Maria é uma mulher 'eucarística' na totalidade de sua vida" (EE 53), ao longo da qual ela experimentou um conjunto de sentimentos que se tornaram exemplares para toda a Igreja: fé, amor, comunhão sacrificial, alegria e simplicidade de coração...

Pela primeira vez, Maria é apresentada como uma "mulher eucarística" (EE 53-58), ou seja, totalmente em relação e tensão para com a "Eucaristia"; a ponto desta atitude de relacionamento constituir uma *chave hermenêutica* para poder compreender a vida de Maria e, ao mesmo tempo, uma *tipologia antropológica* para a Igreja e para cada um dos fiéis.

Além da participação de Maria nas primeiras Eucaristias, "a relação de Maria com a Eucaristia pode ser delineada indiretamente a partir de sua atitude interior" (EE 53). Como João Paulo II nos diz em sua carta apostólica *Mane nobiscum Domine* 31: Ela "encarnou com toda a sua existência a lógica da eucaristia". Podemos, portanto, dizer que a espiritualidade de Maria é uma espiritualidade puramente eucarística. Desta forma "a Igreja, vendo em Maria seu modelo, é chamada a imitá-la também em sua relação com este mistério santíssimo" (EE 53).

"Receber a Eucaristia é entrar em comunhão profunda com Jesus. 'Permanecei em Mim e Eu permanecerei em vós' (Jo 15,4). Esta relação de íntima e recíproca 'permanência' *permite-nos antecipar de algum modo o céu na terra" (Mane nobiscum Domine* 19). Que mais podemos dizer, senão no exato momento da comunhão: "Estou crucificado com Cristo: eu vivo, mas não sou mais eu, é Cristo que vive em mim" (Gl 2,20)? Este é o ideal que anseia nosso coração, que é doar-se a partir de uma autêntica entrega integral da vida, que nos convida à doação de nós mesmos.

No momento em que nos encontramos, em uma pandemia, que está causando, não apenas milhares de mortes, mas uma grande crise econômica, e que está afetando principalmente os mais desfavorecidos, é importante destacar uma atitude humana que possamos traçar de volta à pré-história mais distante, solidariedade e cuidado. Um exemplo claro de solidariedade na Pré-história é o documentado no famoso site da Sima de los Huesos (Atapuerca, Burgos), cerca de 500 mil anos atrás.

Jesus nos lembrando e vivendo os mais profundos sentimentos humanos nos propõe a compartilhar nosso corpo e derramar nosso sangue como Ele fez. Dessa forma, entende-se como a Eucaristia, o Sacramento do Amor e a relação entre a Eucaristia e Maria constituem o lugar especial para a construção da família humana, a revelação da Nova Humanidade e da

Nova Criação. Por essa razão, deve haver continuidade e harmonia entre a unidade com Cristo e uma antropologia relacional inspirada no amor.

Prof. Dr. Clara María Temporelli, odn

Ir. Clara María Temporelli,
Argentina, Religiosa da Ordem da Companhia de
Maria Nossa Senhora. Doutora em Teologia
pela Faculdade de Teologia de
Catalunha, na Espanha.

ÍNDICE

Este livro foi composto com as famílias tipográficas Lithograph,
Lithos Pro e Segoe e impresso em papel Offset 70g/m² pela **Gráfica Santuário.**